pílulas de
CONFIANÇA

ANDREI MOREIRA
Espírito
Dias da Cruz

órgão editorial
Associação Médico-Espírita de Minas Gerais

pílulas de
CONFIANÇA

Catanduva, SP · 2025

Dedico estas singelas linhas aos pacientes dos grupos de atendimento da Associação Médico-Espírita de Minas Gerais (AMEMG), que pouco a pouco se conscientizam a respeito da doença da alma existente por detrás da enfermidade das emoções e do corpo; e aos terapeutas que os amparam, enfermos conscientes, que buscam curar-se, servindo.

A todos, que estas sejam pílulas fortalecedoras para o coração e para a alma, elevando-lhes o pensamento e o sentimento em direção ao Pai, com entrega, gratidão e reconhecimento pela grandeza da vida de cada qual, sonho singular do amor de Deus.

CONFIANÇA

MATEUS, 8:23-27

Entrando ele no barco, seus discípulos o seguiram.

De repente, uma violenta tempestade abateu-se sobre o mar, de forma que as ondas inundavam o barco. Jesus, porém, dormia.

Os discípulos foram acordá-lo, clamando: "Senhor, salva-nos! Vamos morrer!"

Ele perguntou: "Por que vocês estão com tanto medo, homens de pequena fé?" Então ele se levantou e repreendeu os ventos e o mar, e fez-se completa bonança.

Os homens ficaram perplexos e perguntaram: "Quem é este que até os ventos e o mar lhe obedecem?"

CONFIANÇA
MATEUS, 14:22-32

Logo em seguida, Jesus insistiu com os discípulos para que entrassem no barco e fossem adiante dele para o outro lado, enquanto ele despedia a multidão.

Tendo despedido a multidão, subiu sozinho a um monte para orar.

Ao anoitecer, ele estava ali sozinho, mas o barco já estava a considerável distância da terra, fustigado pelas ondas, porque o vento soprava contra ele.

Alta madrugada, Jesus dirigiu-se a eles, andando sobre o mar.

Quando o viram andando sobre o mar, ficaram aterrorizados e disseram: "É um fantasma!" E gritaram de medo.

Mas Jesus imediatamente lhes disse: "Coragem! Sou eu. Não tenham medo!"

"Senhor", disse Pedro, "se és tu, manda-me ir ao teu encontro por sobre as águas".

"Venha", respondeu ele. Então Pedro saiu do barco, andou sobre as águas e foi na direção de Jesus.

Mas, quando reparou no vento, ficou com medo e, começando a afundar, gritou: "Senhor, salva-me!"

Imediatamente Jesus estendeu a mão e o segurou. E disse: "Homem de pequena fé, por que você duvidou?"

Quando entraram no barco, o vento cessou. ●

SUMÁRIO

P
PREFÁCIO
22

1
PÍLULAS DE
CONFIANÇA
26

2
NOVO DIA
EM TEU
CORAÇÃO
30

3
DEUS
É PAI
34

4
O PODER
REAL:
O AFETO
38

5
MENTALIZAÇÕES PARA A PAZ
42

6
MENTALIZA O EQUILÍBRIO E RENOVA-TE
46

7
AMPARO AOS QUE SERVEM
50

8
TESTEMUNHO E SERVIÇO
54

9
O SUSTENTO DO ALTO
58

10
PEDI E OBTEREIS
62

11
CORAGEM
66

12
ESPERANÇA
70

13
O REAL VALOR DOS FILHOS DE DEUS
74

14
O AMPARO DO ALTO
78

15
O PODER ESTÁ EM DEUS
82

16
CONFIA AGINDO
86

17
A FONTE INTERIOR
90

18
EVAN-GELHO: CIÊNCIA DO BEM VIVER
94

19
COMPRO-MISSO COM O SERVIÇO
98

20
AUTO-CONFIANÇA E REALIZAÇÃO
102

21
ENTREGA E GRATIDÃO
106

22
FAZE A TUA PARTE
110

23
RENOVA-TE NO SENHOR
114

24
SAÚDE DO CORPO E DA ALMA
118

25
TUDO PASSA
122

26
A FÉ QUE SUSTENTA
126

27
MAIS DIA, MENOS DIA
130

28
FIDELIDADE AO PAI
134

29
A CRIATU-
RA: OBRA
PERFEITA
DE DEUS
138

30
O OLHAR
DO PAI
142

31
PEDI E
OBTEREIS
146

32
CONFIANÇA
E AÇÃO
150

33
PROVAS
ATENUADAS
154

34
SERVE
E AMA
AGORA
158

PREFÁCIO

*mergulhado no amor incondicional, o
Espírito encontra sempre o movimento de
reordenação conduzido pelas leis divinas de
forma a conscientizar-se de sua herança
como filho de Deus, herdeiro do universo*

P

A tomada de consciência por parte do Espírito é gradual e sequenciada, e acontece ao longo do processo evolutivo. Do instinto à razão, da sensibilidade ao sentimento, o ser caminha sempre em direção às mais amplas percepções de si mesmo e do universo que o rodeia.

Órfão de Pai vivo, o Espírito clama frequentemente por migalhas em meio a um banquete de oportunidades ofertadas pela misericórdia divina. Pede, implora e exige como se lidasse com um Pai emocional e caprichoso, sempre disponível para atender-lhe aos íntimos desejos. Na desconexão com a sua intimidade mais profunda, esvazia-se de sentido e significado para a existência.

No entanto, mergulhado no amor incondicional, encontra sempre o movimento de reordenação conduzido pelas leis divinas de forma a conscientizar-se de sua herança como filho de Deus, herdeiro do universo.

Paulatinamente, passa a perceber que de nada necessita, senão confiar e entregar-se à condução sábia do amor onipresente, onipotente e onisciente que a tudo rege com sabedoria. Compreende, então, que entregar-se não representa um movimento de inação expectante, mas de não resistência, pois a força da Lei aciona em si os recursos da ação e da vontade com os quais se integra no movimento ordenado de cumprimento dos seus deveres e despertar de suas potencialidades, consoante o momento evolutivo.

PÍLULAS DE CONFIANÇA

ingere todos os dias as pílulas de confiança no Pai e deixa que elas despertem em ti a consciência de que és filho, herdeiro natural, conectado à fonte de todo poder e bondade

1

fim de encontrar sentido e significado para a existência, conscientiza-te de que és divino em essência e natureza, pois como criatura és um sonho de amor do Criador destinado a divinos fins e propósitos.

Compreende que a liberdade relativa de que o Senhor lhe dotou é destinada ao despertar de tuas potencialidades por teu próprio esforço, a fim de que venhas a ser o que deves ser sem ofender a lei da harmonia geral que a tudo conduz com perfeição. No entanto, aceita que o caminho é de erro e acerto e que não é possível chegar ao cume da montanha da fé e da vitória interior sem o esforço da escalada nos caminhos da porta estreita.

Prepara-te com os instrumentos que te levam aos altos fins da existência: a bússola da fé, as cordas da segurança espiritual, a vestimenta do autoconhecimento e da vigilância interior, as estacas do amor e do serviço no bem e os suprimentos de coragem, perdão e confiança que te elevarão aos objetivos supremos da vida.

Conecta-te à vida em torno de ti e verás que esta realidade que te circunda, atraída por ti mesmo ou ofertada pelo divino amor, se configura como escola, templo e enfermaria abençoada, destinados a levar-te à comunhão com o Pai, nas alegrias da família, da amizade, do trabalho e do serviço.

Ingere todos os dias as pílulas de confiança no Pai e deixa que elas despertem em ti a consciência de que és filho, herdeiro natural, ofertando-te a plenitude de saber-se e sentir-se conectado à fonte de todo poder e bondade, para tua felicidade e paz interior. •

NOVO DIA EM TEU CORAÇÃO

*a madrugada é passageira e o dia novo que
já se anuncia é tempo de luzes e bênçãos,
alegria e paz para tua alma*

2

Vê, alma amiga, o raiar do dia que se anuncia prenunciando o início de nova e abençoada fase de crescimento e progresso.

Acalma teu coração perante as lutas, a dor, a carência e a ansiedade, sem permitir que o desespero se apodere de teu coração e lhe envolva na escuridão da negação de ti mesmo e de tua realidade profunda.

Guarda a esperança e o otimismo como balizas reais e instrumentos eficazes, capazes de lhe guiar os esforços presentes. Talvez amanhã mesmo tua prova chegue ao termo e a vida lhe coroe com os louros da vitória e as alegrias das conquistas espirituais, abrindo-te novo campo de ação, trabalho e realização íntima e social.

Vê raiar o dia após a madrugada escura e lembra que as dificuldades que elegestes ou atraístes pelo teu livre-arbítrio, e que ora te visitam, são convites santos à tua renovação e reconexão com o Criador e com o amor, para tua própria felicidade.

Olha, pois, para ti, sem autopiedade e sem desânimo.

Conecta-te sempre ao teu melhor e deixa que as forças do Alto te banhem o coração e te ofertem as forças necessárias para a finalização das provas redentoras essenciais à tua paz íntima, pois a madrugada é passageira e o dia novo que já se anuncia é tempo de luzes e bênçãos, alegria e paz para tua alma. •

DEUS É PAI

*liberta-te das crenças negativas e falsas
a respeito do Criador e abriga na alma a
consciência de que o Amor incondicional
e a Sabedoria suprema lhe criou à
Sua imagem e semelhança*

3

A fim de conquistar a harmonia interior e reequilibrar-te perante a ordem e a harmonia geral do universo, lembra-te que Deus é Pai. Isso significa que o supremo Senhor é força ordenadora estruturante, acolhedora, amorosa e infinitamente compassiva, capaz de ofertar-lhe o necessário e o suficiente para que desperte e execute as tarefas de multiplicação de talentos que Ele te confiou, na execução dos seus deveres e no despertar das potências da alma.

Sentindo que Deus é Pai, naturalmente te sentirás filho ou filha do infinito amor, herdeiro do universo, e essa consciência lhe conectará, com naturalidade, à família universal, pois se Deus é Pai, o irmão é companheiro de jornada e aprendizado em família.

Liberta-te, pois, das crenças negativas e falsas a respeito do Criador e abriga na alma a consciência de que o Amor incondicional e a Sabedoria suprema lhe criou à Sua imagem e semelhança, com divinos propósitos e finalidades.

Brilhe, pois, a vossa luz, em Deus, que é Pai. ●

O PODER REAL: O AFETO

o único poder verdadeiro do Espírito é o do afeto, semeando esperança, consolo e instrução, ou dispensando alegria, amizade e bênçãos

4

Iludido pela matéria e pelas crenças materialistas limitantes o homem busca assenhorear-se das posses, dos títulos e dos cargos a fim de deter o ouro que brilha, o diploma que envaidece e o mando que submete, no afã de buscar a felicidade propagada pelas filosofias do mundo. No entanto, sendo Espírito imortal, herdeiro da fonte fecunda das infinitas possibilidades, o homem se conscientiza, no látego das provas redentoras, que o poder real está em Deus, e que o único poder verdadeiro do Espírito é o do afeto, com o qual toca a alma humana semeando esperança, consolo e instrução, ou dispensando alegria, amizade e bênçãos variadas que consolam e constroem para a eternidade.

Cansado de sofrer na ilusão da matéria, o Espírito volta sua atenção para a luta das conquistas interiores, no esforço de autossuperação e autodomínio e, sobretudo, no esforço de ressintonização com a Fonte suprema, que lhe ensina a amar e a servir, encontrando seu verdadeiro poder e importância na vida. ●

MENTALI-ZAÇÕES PARA A PAZ

*mentaliza o recurso que necessitas
e encontrarás firme auxílio no
redirecionamento de sua sintonia e
pensamento para a conexão com o
Alto e para a saúde do corpo
e da alma*

5

Dentre os recursos terapêuticos ofertados ao homem pelas ciências psíquicas, a hipnoterapia na forma de visualizações criativas e autoinduções permanecem como elementos potentes de conexão com as correntes e ondas mentais e com as realidades espirituais de Espíritos superiores que buscam amparar e socorrer as dores humanas. Guarde sempre um espaço do seu tempo e do seu dia para a higiene do pensamento e do sentimento, enquanto buscas o autoconhecimento essencial e necessário à autoiluminação.

Usa de recursos ofertados a fim de te reequilibrar, mentaliza a paz e a conexão com o Alto exercitando o "buscai e achareis" que Jesus preconizou. Usa também desses recursos como fonte de amparo e auxílio àqueles que necessitam, enviando-lhes forças, pensamentos e formas ideoplásticas superiores que os induzam à conexão com a esperança, com o otimismo e com a força para as lutas. Mentaliza o recurso que necessitas e encontrarás firme auxílio no redirecionamento de sua sintonia e pensamento para a conexão com o Alto e para a saúde do corpo e da alma.

MEN-TALIZA O EQUILÍBRIO E RENOVA-TE

mentaliza a paz e a harmonia que desejas imprimir ao universo celular, afetivo e mental, permitindo que esse movimento seja força renovadora

6

Vives a vida que elegeste construída a partir de ti mesmo por meio da irradiação de sua vida interior. Encontras as circunstâncias atraídas por sua identidade energética, recolhendo os frutos e os efeitos das causas que determinastes por teu livre-arbítrio. Percebes em tuas células as forças das correntes magnéticas que te harmonizam ou desequilibram como reflexo natural do teu campo mental e emocional.

Vives, pois, o que constróis, sem vitimismo ou punição, pois que a seu lado se agrupam aqueles que respiram o mesmo halo mental e emocional que cultivas, fortalecendo-te o ânimo ou abatendo-te conforme a natureza da sintonia espiritual.

Assim como constróis, modificas a todo instante o que em ti atua, vibra e vive. Mentaliza, pois, a paz e a harmonia que desejas imprimir ao universo celular, afetivo e mental, permitindo que esse movimento seja força renovadora em ti.

No entanto, não fiques preso apenas ao benefício da hipnoterapia reconstrutiva. Viaja ao teu coração numa introspecção sadia a fim de reconheceres os erros fundamentais ante a ordem e a lei divina, predispondo-te ao reequilíbrio e à reparação por meio do auto e do holoperdão, do amor sentido, vibrado e vivido, convertendo a alma e a vida para a sintonia com a força do belo e do bem a fim de que conquistes a saúde do corpo e da alma.

AMPARO AOS QUE SERVEM

o amparo aos que amam e servem é lei da vida, e quanto mais o trabalho estiver na vida do trabalhador, mais o amor, o amparo e as benesses do Alto visitarão o lar e o coração daqueles que servem

7

São sempre amparados aqueles que amam e servem à vida com desinteresse e caridade, sem fazer conhecida ou exaltada a personalidade. É justo que aqueles que passam pelas provações e desafios da vida solicitem o socorro desejado no momento oportuno. No entanto, quando o servidor se estabelece como parceiro do mundo espiritual no alívio das dores humanas, na mediunidade cristã ou no serviço abnegado do bem, está naturalmente inscrito no grupo daqueles que são cotidianamente auxiliados ou assistidos espiritualmente. Durante as reuniões mediúnicas, as preces e os trabalhos caritativos, os Espíritos do Senhor, a serviço do amor e da misericórdia, visitam os lares de cada qual, higienizando, socorrendo e inspirando a todos para o melhor, em nome de Deus.

Na maioria das vezes esse amparo é silencioso e discreto, embora eficaz e profundo, sem que os nossos irmãos se deem conta do quanto recebem, o que via de regra ultrapassa muito aquilo que foi dado. Não é necessário o petitório que ocupa o espaço mental e emocional que deveria ser utilizado para preparar-se para doar, acolher e auxiliar da forma como convém a Deus através de cada qual. Não estão sós aqueles que amam. Os servidores da vida, certamente, não são isentados das provas necessárias, mas são fortalecidos no trato com as experiências educativas, regeneradoras e iluminativas que os visitam por sua própria escolha e por determinação da vida. O amparo aos que amam e servem é lei da vida, e quanto mais o trabalho estiver na vida do trabalhador, mais o amor, o amparo e as benesses do Alto visitarão o lar e o coração daqueles que servem.

TESTEMUNHO E SERVIÇO

a audácia cristã não é personalismo ou vaidade, e sim a coragem de mostrar-se cristão, servidor e submisso ao Criador, pelos exemplos que contagiam e transformam

8

Prenunciando a renovação profunda, a Terra estertora e convulsiona diante de dramas afetivos que refletem a condição inferior de seus habitantes necessitados de educação espiritual e redenção. Crimes, ódios, violência e desrespeito grassam na sociedade, atemorizando as criaturas incautas que julgam ver no panorama social a dissolução completa dos costumes e dos valores morais e religiosos.

Herdeiros de uma sociedade vitoriana, em que a aparência era mais importante que a realidade, as famílias hodiernas se veem diante das dificuldades variadas das inversões de ordem e da expressão da violência de seus membros a demonstrar a aparente realidade de seus íntimos. No entanto, adoecida, vê-se a sociedade moderna refletir a falta de referência moral superior que lhe oriente o amadurecimento e o despertar das potencialidades superiores e divinas, figuras públicas e sociais que exemplifiquem a vivência do Evangelho e do amor desinteressado a semear bondade, concórdia, sabedoria e submissão ao Criador.

Nesse contexto, vê-se o desenvolvimento dos ideais espiritualistas, e embora jamais na Terra se tenha falado tanto de espiritualidade, de amor e de Jesus Cristo, carece o mundo das cartas vivas do Senhor, do renovador cristão que contagia pelo exemplo. Urge, pois, que aqueles que já se conscientizaram da grandeza do Evangelho, pelo seu valor de renovação pessoal, deem um testemunho social afirmando as boas obras. Disse o Senhor: "Brilhe a vossa luz diante dos homens para que vejam suas boas obras e glorifiquem ao vosso Pai que estás nos céus". Trata-se, pois, da afirmação da grandiosidade do filho de Deus que demonstra a grandeza do Senhor. A audácia cristã não é personalismo ou vaidade, e sim a coragem de mostrar-se cristão, servidor e submisso ao Criador, pelos exemplos que contagiam e transformam. Afinal, bem informa *O livro dos Espíritos*, por meio da fala dos Espíritos do Senhor: "O mal predomina porque os bons são tímidos".

O
SUSTENTO
DO ALTO

*cada coração encarnado na Terra se encontra
sob o patrocínio de corações elevados que do
mais Alto confiaram a sua proteção, o
seu amparo e o seu contínuo amor*

9

Cada coração encarnado na Terra para as bênçãos das lutas redentoras e dos esforços de crescimento pessoal se encontra presente no orbe sob o patrocínio de corações elevados que do mais Alto confiaram a sua proteção, o seu amparo e o seu contínuo amor para o sucesso da empreitada.

Cada Espírito, elegendo o que lhe convém, atrai para si as companhias espirituais a que faz jus, construindo ao seu redor atmosfera de paz ou intoxicação que cultiva igualmente em seu coração.

No entanto, ainda em meio às lutas, às dores ou às consequências infelizes do livre-arbítrio desviado na negação do bem, vige a presença sábia, amorosa e sustentadora dos mensageiros do Senhor, que mantêm no coração a serenidade das companhias espirituais e a sensibilidade dos que já passaram pelas provas das lutas humanas e prosseguem, agora, em planos mais altos, a sustentar e velar sem cessar.

Não hesiteis, pois, em buscar-lhes a sintonia, através da renovação do pensamento e do sentimento, com a qual se integrará com a comunhão perfeita das ideias e dos sentimentos. Mas, ainda quando mergulhado na sombra das provações e das lutas humanas, saibas que estais amparados por aqueles que estão a serviço da misericórdia do Pai que a todos sustenta, aguardando somente que cada qual, no exercício de sua vontade, aprenda a se render à ordem do universo sem resistência, com humildade, acatando o divino fluir das bênçãos do Pai que a todos sustenta e ampara. •

PEDI E OBTEREIS

falando "buscai e achareis", o Mestre assinalava os recursos poderosos da mente e da vontade humana acionando as ondas mentais e emocionais capazes de estruturar o equilíbrio ou o desequilíbrio

10

A vontade humana é dínamo poderoso capaz de acionar o divino manancial em favor de si mesmo e de todos. Quando Jesus postulou o "pedi e obtereis" não indicava somente o cenário santo do despertar da fé, da entrega e da comunhão com o Pai, fruto do entendimento da Lei e de seu acolhimento sereno na intimidade.

Assim, falando "buscai e achareis", o Mestre igualmente assinalava os recursos poderosos da mente e da vontade humana acionando as ondas mentais e emocionais capazes de estruturar o equilíbrio ou o desequilíbrio.

Através do que vibra, o homem constrói a teia que direciona sua movimentação na vida. O que ele cultiva na intimidade encontra no cenário das circunstâncias como colheita concreta. Assim sendo, quanto mais logra cultivar a serenidade da fé, a elevação das ondas mentais e emocionais superiores e a amorosidade como patrimônio da alma, mais construirá a mesma realidade no seu entorno, como testemunho de sua sintonia com as forças criadoras do divino manancial de potências infinitas. ●

CORAGEM

a coragem leva o homem em direção ao sonho
que a esperança sinaliza e o esforço constrói

11

Há instantes decisivos na jornada em que a coragem é elemento essencial para a ação justa e necessária. Como movimento que conduz ao mais, a coragem nasce das forças profundas do coração, o self, a orientar a direção da ação a fim de que os deveres e as reais necessidades, essenciais, sejam atendidas.

A coragem não se confunde com o desejo, que é superficial e esgotante. A coragem vitaliza, assim como não permite que o medo paralise a ação, antes dinamizando as engrenagens interiores dos potenciais e recursos, a fim de bem utilizar os instrumentos que a vida coloca à disposição do ser.

A coragem é serena e fortalecedora, enquanto o desejo é urgente e inquietante.

A coragem leva o homem em direção ao sonho que a esperança sinaliza e o esforço constrói.

Conectar-se com a coragem é acionar a força que realiza e transforma, nos caminhos da intuição sábia, para a realização dos sonhos e deveres de cada qual, anunciados pelo coração conectado à essência.

ESPERANÇA

as experiências de dor e sofrimento, ou da enfermidade, apresentam-se como recurso pedagógico que cederão naturalmente espaços a novas e maiores expressões no amanhã de esperança

12

Ouve, alma querida, o canto da vida que ecoa em teu coração, e a força da natureza renovadora ansiando por transformação.

Tudo se encadeia de forma serena na criação, testemunhando a força de renovação que a tudo preside. Também o homem se insere no contexto da natureza como força estuante, viva, desejoso de harmonia e serenidade.

Após o golpe duro do machado, a árvore lança o broto vivo que prenuncia esperança. Depois da tempestade destruidora, o solo absorve o excesso de água deslocando-o para níveis úteis, profundos, fazendo novamente brotar a vida.

De toda ferida aberta pela força da violência virá também recursos de saúde e reequilíbrio, convidando o ser a uma nova etapa de amadurecimento. Por mais longa que seja a estação da falta, ela será sucedida, naturalmente, pela abundância da fase seguinte.

Também no campo psíquico segue o homem rumo a níveis mais dilatados de consciência e de percepção de si mesmo e da vida.

Uma encarnação nada mais é do que uma etapa ligeira no tempo multimilenar do Espírito, e nesse contexto as experiências de dor e sofrimento, ou da enfermidade, apresentam-se como recurso pedagógico que cederão naturalmente espaços a novas e maiores expressões no amanhã de esperança. Confia, pois, em ti mesmo e na vida, e renova-te agora, no bom aproveitamento do tempo e da oportunidade. ●

O REAL VALOR DOS FILHOS DE DEUS

o filho de Deus é força realizadora

13

A confiança é força motriz que gerencia os recursos sagrados disponíveis na vida para o filho de Deus. Quando o Cristo afirmou que se tiveres fé do tamanho de um grão de mostarda, umas das menores sementes, serias capazes de transportar os montes, ele afirmava que o homem que confia pode acionar recursos infindáveis e muitas vezes inimagináveis.

É que a força do coração e do sentimento conectado com o manancial do Senhor produz força, movimento e ordenação.

Confiar é entregar-se ao movimento ordenado, acionando a força da realização cocriadora, ao passo que a inteligência sagrada e suprema vai instrumentalizando o homem para as realizações que lhe competem, guiado pela bússola sagrada do sentimento que o norteia e direcionado ao longo do caminho para o cumprimento de seus deveres.

Ao declarar que o filho de Deus é força realizadora, o Senhor estava afirmando que aquele que é fiel e confia não é pequeno como pensa na menos-valia e no desvalor, nem grande como pretende na arrogância e na prepotência. Mas, diante do real significado, perante Deus, é ínfima fagulha criadora e luminosa que, integrada no Senhor, é tão grande conforme o tamanho da vontade do Pai para sua vida. •

O AMPARO
DO ALTO

*junto de teus melhores esforços de
paz, gravitam forças e inteligências
que inspiram-te o progresso e
as ideias renovadoras*

14

No caminho das lutas diárias de autoburila-
mento e crescimento contínuo, lembra-te
de que ninguém é autossuficiente a ponto
de dispensar o concurso e o amparo daqueles que jornadeiam consigo nos esforços pela
autossuperação e pelo autodomínio.

Junto de teus melhores esforços de paz,
gravitam forças e inteligências que inspiram-
-te o progresso e as ideias renovadoras, a fim
de que te conduzas no rumo certo do cumprimento dos deveres de teu coração.

Abriga, pois, em tua alma, a confiança
como alimento santo que te sustente e que
nutra os ideais mais elevados. A divina providência não tarda em oferecer o essencial, que
sempre é suficiente, permitindo muitas vezes
até mesmo o supérfluo a fim de que te abras
para o entendimento das leis naturais e para
o divino progresso.

Honra, pois, a confiança que Deus tem em ti no bom aproveitamento das horas, indagando sempre na intimidade de teu coração: "Que queres que eu faça, Senhor?". O mais virá por acréscimo de misericórdia.

O PODER
ESTÁ EM DEUS

afastado do Criador, a criatura é solidão;
nEle é solidariedade; longe do Pai, o
nada; nEle, a força do todo, em tudo

15

Afastado do Criador, a criatura é solidão; nEle é solidariedade.

Apartada, é negação e abandono; nEle é comunhão e plenitude.

Distanciado da Fonte, o Espírito mergulha no egoísmo; nEla mergulhado, vibra na caridade.

Longe do Pai, o nada; nEle, a força do todo, em tudo.

Desconectado da fé, o Espírito vive a insegurança, o medo e a falta. Sustentado na fé, vive a amplidão e o encantamento das infinitas possibilidades.

Conectado a Deus, desaparecem o vazio, a falta e o desamparo.

No Pai tudo é síntese, força e sabedoria que conduz a espaços de inspiração, enlevo e ternura.

Abre, pois, teu coração para o acesso ao essencial, reconhecendo que o poder está em Deus. Sintonizado com Ele, deixa fluir a intuição sábia que conduzir-te-á ao cumprimento dos deveres com dedicação às soluções criativas e inesperadas que te serão inspiradas ao despertar da Fonte, que é vida em ti.

No entanto, lembra-te que Deus em ti é força renovadora que se expressa por atos genuínos de amor e paz. A adoração ao Pai acima de todas as coisas transcende os cultos ritualísticos, a forma simbólica e estereotipada, configurando-se em uma comunhão plena de espontaneidade, de sentido e de significado, de espiritualidade e de fé.

NEle a fonte; em ti a realização.

NEle a sabedoria; em ti a execução.

NEle a ordenança; em ti a obediência.

NEle a vontade; em ti a fidelidade.

Em Deus sois tudo; apartado dEle, nada. ●

CONFIA AGINDO

onde quer que te encontres e o que quer que vivas, confia trabalhando, pois a confiança é o sinal da compreensão da divina sabedoria e do divino amor

16

Todos na vida são agraciados com as oportunidades justas e necessárias para o despertar da natureza divina em si.

Se analisas sua história e encontras alegrias e decepções, sonhos e fracassos, encontra-te em regime de lutas humanas naturais que a todos envolvem no caminho para o progresso.

Se sofres a dor de uma prova inesperada, confia orando.

Se enfrentas a luta de enfermidade desafiadora, confia enfrentando.

Se te visita a moléstia que finaliza os teus dias, confia entregando-te.

Se te atormenta o pensamento obsessivo sem folga, confia medicando-te.

Se te faltam as forças para a realização do sonho pretendido, confia esforçando.

Se desconheces a solução para os problemas aparentemente insolúveis, confia questionando.

Se te visita a prova inesperada do desamparo e do abandono, confia amando-te.

Em toda luta, e em cada desafio, Deus se encontra resguardando os seus filhos para o sucesso da empreitada autoiluminativa.

Ainda quando nas provas desnecessárias ou na dor autoimposta, aí também Deus se encontra velando, guardando, animando-te para o prosseguimento da jornada em busca de si mesmo.

Assim, onde quer que te encontres e o que quer que vivas, confia trabalhando, pois a confiança é o sinal da compreensão da divina sabedoria e do divino amor, que a todos sustenta como signo do Senhor. •

A FONTE INTERIOR

o que sustenta a alma no caminho da realização interior é a fonte sagrada que brota de dentro de si mesmo, nascida dos lençóis freáticos da inspiração e da conexão com o divino

17

Se te sentes à beira de um poço sem água a requisitar alimento para tuas carências e necessidades, olha para a ausência do que aparentemente te falta a fim de que encontres o que verdadeiramente necessitas.

O que sustenta a alma no caminho da realização interior é a fonte sagrada que brota de dentro de si mesmo, nascida dos lençóis freáticos da inspiração e da conexão com o divino.

Se aparentas não ter aquilo que te abastece o coração de sentido e de significado, aprofunda a incisão do bisturi da autopercepção nos tecidos do coração rompendo as algemas que te impedem de acessar o manancial de força e fortaleza que há em ti.

Aquilo que te sustenta nasce de dentro, brota do centro e preenche-te inteiro, fazendo-se fonte em ti.

EVANGELHO: CIÊNCIA DO BEM VIVER

*o Evangelho de Jesus é o roteiro
imperecível, ciência do bem viver
em sintonia com o amor*

18

Irmanados no ideal de amor e fraternidade, ouvimos o chamado do Alto para o estudo e o aprimoramento pessoal que são propiciados pela luz da integração da ciência e da espiritualidade nos caminhos da ciência e da filosofia espírita e suas parcerias com as ciências acadêmicas do mundo.

Aprofundando os conhecimentos a respeito da consciência, da física nuclear e da mente, somos compelidos a reconhecer que as forças que governam com sapiência o universo macro são as mesmas que ordenam o microcosmo no comando celular.

A divina consciência governa os mundos que orbitam em torno de seu amor abundante, atendendo ao processo criador da vida, assim como a mente governa os ciclos da atividade orgânica a serviço do Espírito, atendendo-lhe aos ditames de equilíbrio ou desequilíbrio em relação à Lei maior. Em toda parte a soberania das leis divinas comandam a vida, do micro ao macro, para a expressão perfeita do amor, a única realidade do universo.

Consciente dessa realidade, somos aqueles que se maravilham diante da grandeza da criação e reconhecem no Evangelho de Jesus o roteiro imperecível, não somente de um cunho de religação e reconexão, mas, sobretudo, como ciência do bem viver em sintonia com o amor.

Porfiemos pelo estudo aprofundado dessa magna ciência da alma abrigando no coração a humildade necessária para reconhecer nosso lugar na obra incomensurável do universo, fazendo-nos fonte de amor e serviço em nome do Pai. Engrandeça o intelecto que perscruta o universo, mas não olvide que somente o coração sensibilizado e transformado é fonte de produtividade e benefício geral. ●

COMPRO-MISSO COM O SERVIÇO

dedicar-se ao trabalho e à doação de si mesmo, ao amor e ao perdão, é atividade prudente e inteligente daqueles que se encontram compromissados com a oportunidade de serviço

19

19

Compromisso é chamado, dever do coração assumindo perante as leis universais sob o exercício da liberdade e da razão, no intuito de equilíbrio interior e serviço ao bem maior.

A cada qual Deus ofertou a oportunidade sagrada da inteligência e do acesso ao conhecimento, das posses e das oportunidades de trabalho a fim de que tudo se converta em possibilidades de amparo e elevação das almas para a eternidade.

Reencarnados sob as benesses do Consolador e as claridades do Alto, cada qual traz impresso na alma o chamado divino ao serviço, mas igualmente se encontra envolvido nas teias infortunadas das dores morais que semearam ao longo do caminho, circunstâncias educativas que se apresentam fortalecendo o compromisso daqueles que estão despertos para as verdades universais do amor, do perdão e da reconciliação com o eterno bem.

As lágrimas do mundo, vertidas pelos corações que se revoltam nas provas redentoras, são convocação do Alto ao coração servidor que vê, em cada qual, a sua dor interna e a sua própria necessidade de renovação moral, fazendo com que se ative no coração a esperança e a compreensão essenciais ao processo de ajuda.

Nesses tempos de definição e separação do joio e do trigo, é preciso ficar atento ao chamado da voz interior que relembra os compromissos assumidos.

O tempo passa veloz, e também as oportunidades, tanto quanto as dores, seguem no processo eterno de transmutação. Postergar a entrega ao Senhor e ao serviço do bem é adiar a paz consciencial e a tranquilidade íntima que vêm com a instauração do equilíbrio emotivo, físico e espiritual, tão necessários. Atender ao chamado do Senhor e dedicar-se ao trabalho e à doação de si mesmo, ao amor e ao perdão, é atividade prudente e inteligente daqueles que se encontram compromissados com a oportunidade de serviço para o benefício de si mesmo e de todos.

AUTO-CONFIANÇA E REALIZAÇÃO

*a autoconfiança se constrói no tempo a partir
da obtenção de resultados renovados
e nobres colhidos como retorno de
cada pequena ação amorosa*

20

A fim de que a saúde se instale no corpo, é imprescindível o recurso da autoconfiança e da reconciliação consigo mesmo.

A medicação que reorganiza e a terapêutica que propõe-se a harmonizar o indivíduo, muitas vezes são limitadas por um estado íntimo de intoxicação energética decorrente da autoagressão, da impiedade consigo mesmo ou da invigilância que autoriza a intervenção magnética desarmonizadora de outras vontades, desorganizando as emoções e o universo celular.

Perante as culpas do passado e do presente, ou as insatisfações da jornada, o autoperdão e o acolhimento de si mesmo, com o comprometimento na vivência do bem, é recurso essencial.

Aquele que se reconcilia consigo mesmo sabe-se filho da Fonte de eterno amor e misericórdia infinita, herdeiro do universo, destinado a brilhar a sua luz interior. Sabe-se a caminho, ainda que distante, e por isso acolhe, generoso e consciente, a dualidade luz e sombra que há em si, integrando os opostos e promovendo o despertar das potências da alma, as virtudes exaradas nos Evangelhos.

A autoconfiança se constrói no tempo a partir da obtenção de resultados renovados e nobres colhidos como retorno de cada pequena ação amorosa, que testemunha a competência e a capacidade de cada qual em honrar a sua vida, a sua família e a sua herança como filho de Deus.

ENTREGA E GRATIDÃO

para que o homem conheça intimamente a Deus, é preciso considerar que perante a suprema sabedoria e inteligência, somente duas posturas internas são saudáveis na entrega ao Pai: a confiança e a gratidão

21

A relação do homem com o Pai reveste-se de significativa particularidade. Encontrando-se tão próximo da Fonte suprema, o homem clama por percebê-la sentindo-se tão distante. É que as camadas de defesa do ego na ilusão da materialidade não permitem a percepção profunda do divino manancial, a não ser quando o homem desveste-se das exigências para aceitar as circunstâncias e a divina inspiração com aceitação e submissão.

Para que o trigo se transforme em pão abençoado, é necessário morrer e renunciar a fim de conhecer seu melhor destino. Para que a semente produza e frutifique, é essencial que conheça o peso do solo que a enclausura momentaneamente, nutrindo-a de vida.

Da mesma forma, para que o homem conheça intimamente a Deus, é preciso considerar que perante a suprema sabedoria e inteligência, somente duas posturas internas são saudáveis na entrega ao Pai: a confiança e a gratidão.

Ouvindo o próprio coração para além da emocionalidade superficial, o homem pode encontrar a divina inspiração para a sua vida e a orientação precisa para seus esforços e suas forças, através da intuição e da capacidade de captar e sentir a divina presença que vibra imanente em sua própria intimidade e natureza.

FAZE
A TUA PARTE

*louva a dedicação daqueles que te oferecem
seus frutos, e dá seu contributo anônimo e
humilde como elo da corrente universal*

22

fasta de ti a necessidade de seres especial. Ninguém está colocado no mundo como agente distinguido de serviço, cooperação e auxílio sem um contexto íntimo de necessidades e potencialidades pessoais, a permitir vida e expressão útil.

Aprende a olhar para a vida com gratidão, louvando os passos, as mãos e os esforços que te permitem ter o necessário para a vida, para o progresso e para o trabalho.

O alimento que te sustenta, o corpo procede do esforço e da idealização, semeadura, plantação e colheita seguidas por longa distribuição e preparação até que chegue a ti, como nutriente justo e santo.

A roupa que te envolve e embeleza, protegendo-lhe o corpo do tempo e das intempéries, foi pensada, trabalhada e produzida a partir do esforço múltiplo daqueles que fazem o material e elaboram o produto.

A casa que te abriga e acolhe não é só um espaço cômodo em que te vinculas para o refazimento, é também o resultado do planejamento e do trabalho de muitos que vieram antes e a prepararam como local adequado à vida humana.

Se te servem o alimento, a roupa e a moradia, lembra-te que aí estão pelos esforços de muitos que, assim como tu, fazem parte da sociedade, contribuindo e produzindo aquilo que hoje te permite ter o de que necessitas para o trabalho que lhe compete.

Louva, pois, a dedicação daqueles que te oferecem seus frutos, e dá seu contributo anônimo e humilde como elo da corrente universal a fim de que bem aproveitando os recursos disponíveis possas concretizar o que te cabe, possibilitando aos que virão amanhã o material necessário para a continuidade desse ciclo infindável de crescimento e progresso.

RENOVA-TE NO SENHOR

*não deixe para amanhã a oportunidade
de amar hoje, renovando teus
sentimentos e vibração com relação
ao que te abastece o coração*

23

Ouve, alma querida, a voz do chamado em teu coração. Não intoxica o cérebro com o lixo mental do mundo que te sintoniza com as sombras pessoais ou coletivas. Alimenta-te das vibrações superiores das correntes mentais do eterno bem por meio da oração, da meditação e das leituras edificantes, a fim de que o chamado do Alto seja ouvido pela sensibilidade do teu coração.

Na vida espiritual, amigos e familiares queridos velam por ti aguardando que abras o coração para a sua intervenção fraternal sem violentar-lhe a intimidade. Para um pouco e ausculta seu coração nas consequências de tuas escolhas, e ama a ti mesmo decidindo pelo redirecionamento superior dos teus esforços e energia consoante o Evangelho do Senhor.

Lembra-te de que as horas passam céleres no dia a dia da vida física e espiritual e não deixe para amanhã a oportunidade de amar hoje, renovando teus sentimentos e vibração com relação ao que te abastece o coração.

Faze a viagem de autodescobrimento sem temer o caminho pedregoso de autopercepção, pois em meio às zonas escuras de teu ser brilha a luz de sua essência como um farol a guiar-te sem cegar, ofertando-lhe o roteiro para a autoiluminação.

Resgata em ti a experiência do amor soberano a acender em teu peito a chama e o calor do autoacolhimento e da ternura, a fim de que tenhas força e coragem para enfrentar a autossuperação e conquistar o autodomínio no caminho do desenvolvimento espiritual.

Amando sem cessar e sem expectativa de resultados imediatos, conquistarás a harmonia interior, pacificando teu coração e o daqueles que lhe são compromissos na esteira do tempo, consoantes os deveres que a vida lhe confiou.

Tudo caminha para a paz quando a alma vibra na sintonia do amor. Começa hoje, sem adiar, a tua felicidade, o trabalho de amar-se amando a teu próximo, e encontrarás o que procuras.

SAÚDE DO CORPO E DA ALMA

a saúde do corpo e da alma é o resultado natural do movimento de autoencontro, responsabilização pessoal e entrega às leis soberanas da vida, em sintonia com o amor, que é sua síntese

24

Se almejas a conquista da saúde do corpo e da alma, aprende a olhar para a vida que se desdobra célere e preciosa em ti e ao redor de ti. Percebe a riqueza de tua vida interior a se expressar nos conflitos de cada dia e trata com respeito as tuas necessidades, a fim de ofereceres a ti mesmo o que é verdadeiro e justo em cada tempo. No entanto, não te esqueças: as tuas necessidades não são necessariamente o que desejas, e sim os compromissos morais, afetivos e pessoais que estabeleceram outrora o seu presente, a requisitar de ti atenção generosa e compromisso definido em seu cumprimento.

Olha com coragem para os imperativos da vida moral e abraça as lutas educativas e os conteúdos regeneradores, renovando tuas crenças de forma que encontres satisfação e alegria na conquista de tuas obrigações regenerativas.

Encare o teu próximo como extensão de ti mesmo, sabendo que suas dores são igualmente justas e louváveis, a fim de que possas colaborar com o que estiver ao teu alcance com espírito de fraternidade.

A saúde do corpo e da alma é o resultado natural do movimento de autoencontro, responsabilização pessoal e entrega às leis soberanas da vida, em sintonia com o amor, que é sua síntese.

Honra, pois, os dias que passam no trabalho do autoconhecimento, da utilidade ao coletivo e da renovação, confiando-te ao Senhor, e a saúde será consequência natural no tempo. ●

TUDO PASSA

se hoje é seca e contenção, entrega-te com amor; amanhã será colheita farta, leito verdejante, prenunciando dias de alegria e fartura; tanto em um quanto em outro, atenção e vigilância, tudo passa

25

Olha com confiança para teu destino. Ninguém está fadado ao sofrimento e às lutas intermináveis. Dificuldades no caminho são estações de serviço e aprendizagens morais até que o ciclo se esgote ou se complete no terreno do coração, propiciando o despertamento de novas realidades de alegria e de paz.

Há tempos de seca que requerem coragem para nutrir-se do essencial e do processo de sustentação que a vida oferta, aprofundando as raízes na busca do alimento da alma.

Há tempos de fartura em que a abundância do fruto e da nutrição enseja a partilha e a fecundidade de forma produtiva.

Se hoje é seca e contenção, entrega-te com amor; amanhã será colheita farta, leito verdejante, prenunciando dias de alegria e fartura. Tanto em um quanto em outro, atenção e vigilância, tudo passa.

125

A FÉ QUE SUSTENTA

em meio ao mar revolto das lutas e conflitos, dores e sonhos, a fé se expressa como farol de esperança em um novo tempo e em um novo homem

26

O tempo ecoa célere, conduzido pelas forças naturais do progresso que a tudo renova e transforma. A superfície do mundo é varrida pelas forças da natureza que modificam paisagens e realidades.

A impermanência é lei universal que demonstra ao homem a ilusão da matéria e dos sentimentos que não se alicerçam na segurança do amor, força estruturante e estruturadora que une sem limitar e constrói sem constranger.

Movido pelos impulsos da autossuperação e de reprodução, o homem cria laços, famílias, sociedades, que o possibilitam crescer, progredir e servir, dentro dos princípios sagrados da vida.

Cultura, governos, políticas e moral se modificam de acordo com a transformação do homem, obedecendo aos ditames do progresso ou à sintomatologia das doenças coletivas: o egoísmo e o orgulho.

Em meio ao mar revolto das lutas e conflitos, dores e sonhos, a fé se expressa como farol de esperança em um novo tempo e em um novo homem, conduzindo o ser ao encontro do manancial de recursos de abundância em si e em torno de si. É ela a força que conduz a confiança, a fiança do coração, que confere valor e recursos para as realizações superiores.

Amparada na fé raciocinada e iluminada pelo coração sensibilizado pela grandeza do amor e do servir, a humanidade prossegue nas lutas edificantes que a jornada da vida propicia, rumando na direção segura do centro, o porto do amor divino o qual alcançará fatalmente mais cedo ou mais tarde.

MAIS DIA, MENOS DIA

aguarde que a sabedoria divina te altere o panorama da vida através de ti mesmo ou a redor de ti, mais dia, menos dia

27

Mais dia, menos dia, a dor se converterá em bênçãos, apresentando à sua vida um universo novo de saberes, descobertas e percepções.

Mais dia, menos dia, o sol voltará a brilhar no horizonte da sua vida emocional e espiritual, com repercussão no seu ambiente e em sua família.

Mais dia, menos dia, seu corpo se regenerará, no reequilíbrio orgânico necessário, ou a morte do corpo físico extinguirá a expressão material temporária, abrindo as portas de sua vida para uma realidade maior.

Mais dia, menos dia, a solução se apresentará inesperada à intuição ou à percepção clara, permitindo-lhe renovar o panorama dos seus dias e os seus sentimentos.

Mais dia, menos dia, um novo desafio virá expandir os limites e dilatar-lhe as percepções.

Diante da realidade impermanente da existência e dos múltiplos fatores que a determinam, é imperioso reconhecer que a sabedoria divina, que a tudo organiza, coordena e ajusta, sabe intervir no tempo certo e de forma justa, de maneira a socorrer, amparar e auxiliar, estimulando os filhos da luz para a expressão mais legítima de si mesmos.

Se assim é, cumpre guardar silêncio na alma, cessando as queixas e reclamações, para aprender a louvar e a bendizer a divina misericórdia que atende a tudo e a todos, liberando o fluxo ordenado da vida que prossegue sem interrupção.

Assim, aguarde que a sabedoria divina te altere o panorama da vida através de ti mesmo ou a redor de ti, mais dia, menos dia.

FIDELIDADE AO PAI

confiança é a marca da compreensão elevada da misericórdia e do infinito amor do Pai, que tudo pode, tudo sabe e tudo vê, direcionando os seus filhos para seu destino luminoso na comunhão com o amor

28

28

A confiança no Senhor é a marca da entrega aos divinos propósitos na vida. No entanto, ela não se expressa por atitude inoperante que aguarda, exigente, aquilo que deseja ou solicita.

A confiança legítima que Jesus exortou os homens a viver é a da fé que representa fidelidade na relação com o Senhor.

Confiar é acionar os recursos que a divina providência dotou a cada qual, como concessão útil, com aproveitamento geral.

Confiar é dar testemunho dos valores que abrigas na alma, com coerência entre pensamento, sentimento e ação.

Confiar é estar atento a si mesmo, na linguagem do coração e da intuição, por onde Deus fala aos seus filhos.

Confiar é entregar-se, de corpo e alma, ao trabalho da construção dos sonhos e ideais nobres, na certeza de que o trabalho pertence ao Senhor, que proverá, através do esforço de cada trabalhador, aquilo que o trabalho necessita.

Confiança é a marca da compreensão elevada da misericórdia e do infinito amor do Pai, que em sua onipotência, onisciência e onipresença, tudo pode, tudo sabe e tudo vê, direcionando os seus filhos para seu destino luminoso na comunhão com o amor.

Aquele que confia se entrega, trabalha e age, na certeza de que o Pai lhe conferirá sempre o melhor para o cumprimento de seus deveres, obrigações regenerativas e semeadura abençoada nos caminhos do belo e do bem. ●

A CRIATURA: OBRA PERFEITA DE DEUS

*quando Deus olha para a criatura,
Ele vê uma obra perfeita,
em execução*

29

Todo Espírito é um filho de Deus infinitamente amado e amparado, mergulhado em um mar de misericórdia que lhe conduz sempre ao porto seguro do amor divino.

Quando Deus olha para a criatura, não vê uma obra imperfeita. Ele vê uma obra perfeita, em execução, e sabe que obra Sua não falha. Quando ele olha para o broto, vê o fruto maduro que se anuncia e ama incondicionalmente cada etapa e cada estação de desenvolvimento do-ser.

Não há circunstância humana que possa afetar a infinita serenidade e estabilidade do Pai e de Suas leis amorosas e sábias. Os atos infantis humanos são por Ele considerados à conta de ignorância ou rebeldia, que não o afetam nem o perturbam, antes acionam mecanismos naturais de reajuste e reequilíbrio.

A lei divina estatuída pelo Criador é ordenada e ordenadora, sustenta a ordem e reconduz à ordem. Embora a lei de justiça devolva a cada um o fruto de seus atos e a responsabilidade de suas ações, a misericórdia divina sustenta o ser no estímulo de suas potencialidades e na descoberta de sua grandeza, na conexão com a fonte, que é o Pai.

O otimismo e a esperança em Deus são a marca da conexão com a fonte e a compaixão, no coração e nos atos, o testemunho da sintonia com o amor maior.

O OLHAR
DO PAI

*aprende a se olhar com os olhos de amor
do Criador; toda criatura é nascida do
infinito manancial de possibilidades
que a inteligência suprema
estruturou para a vida*

30

prende a se olhar com os olhos de amor do Criador. **Toda criatura é nascida do infinito manancial de possibilidades que a inteli**gência suprema estruturou para a vida e carreia em si a marca da fonte que lhe deu origem, com divina destinação.

Cada ser está destinado a ser luz e brilhar a sua beleza interior.

Ainda quando apartado da essência na escuridão momentânea da rebeldia e do desamor, ou ainda quando mergulhado nos desafios naturais da ignorância, o ser se encontra comandado pela sabedoria das leis divinas que a tudo conduzem para a ordem.

O equilíbrio é questão de tempo e virá tanto mais rápido quanto o ser se entregar docilmente, na submissão ativa, ao comando do Pai em si, deixando que seja feita a Sua vontade e a conhecendo na intimidade de si mesmo, pela voz inarticulada da intuição e do sentimento que atestam a presença do Senhor.

A espiritualidade sagrada e verdadeira se mostra não na adoração exterior que louva pelos lábios, mas pelo significado profundo que estrutura a ação, transformando a vida daquele que a cultiva.

PEDI E OBTEREIS

o Pai é provedor e fonte, e que cada qual recebe na medida do seu esforço e trabalho, vontade útil e merecimento justo, com vistas à elevação e realização em prol de todos

31

Quando o Senhor postulou, no sermão do monte, o "buscai e achareis", "pedi e obtereis", certo não preconizava o petitório exigente que lista necessidades e desejos para o atendimento imediato de Deus.

A criatura que assim age crê que o Pai é um reservatório de bênçãos caprichosas a negociar com a vontade humana.

No entanto, o Pai de infinito amor não se curva diante dos interesses egoicos humanos, nem se presta a ser mero dispensador de demandas qual fosse uma lâmpada mágica para o atendimento dos desejos humanos. Deus é fonte, força e vida que estrutura o universo na ordem da harmonia universal que disponibiliza a cada qual de acordo com sua necessidade real e seu merecimento.

Ao ensinar o "batei e abrir-se-vos-á", o Senhor ofertava ao homem a consciência de que o Pai é provedor e fonte, e que cada qual recebe na medida do seu esforço e trabalho, vontade útil e merecimento justo, com vistas à elevação e realização em prol de todos.

As concessões divinas não visam ao uso exclusivista e pessoal, mas, antes, se destinam ao usufruto coletivo de utilidade e paz.

Peça, pois, ao Pai, a lucidez que auxilie a enxergar os recursos grandiosos à tua disposição. Usa de tua inteligência e capacidade para bater na porta sagrada da abundância espiritual e canaliza as tuas forças para buscar o que te enriqueça a alma e a vida de força e inspiração para o cumprimento dos deveres que a vida lhe assinala.

Assim fazendo, acionarás os melhores recursos e certamente obtereis o que é essencial e suficiente para sua vida.

CONFIANÇA E AÇÃO

o termômetro da confiança é a ação; aquele que se entrega produz um movimento transformador ao seu redor

32

O termômetro da confiança é a ação.

Aquele que se entrega produz um movimento transformador ao seu redor, não fica paralisado na espera inquietante que se sustenta na exigência. Antes, reconhece que a ação do Senhor se dá através do próprio homem, movimentando-lhe as potencialidades e as conquistas íntimas para o cumprimento de seus deveres.

Quando Deus age na vida do homem, nem sempre lhe transforma as circunstâncias provacionais e educativas necessárias, mas sempre lhe move na intimidade do pensamento e do sentimento, fortalecendo-lhe a alma quando o encontra aberto às possibilidades de ampliação da consciência. Além disso, ao redor de cada criatura se movimenta um enorme contingente de servos da vida e do Pai, sempre prontos a atender as necessidades reais de cada ser, sem atraso ou demora, mas antecipadamente, na hora certa e justa.

Confiar é se entregar e ser parceiro, transformando a vida sob a inspiração do Senhor. Assim, o ser se descobre fonte também capaz não só de autossuperação e autodomínio, mas de ser um digno instrumento do amor por onde quer que viva e atue, representando o amor maior, divino e perfeito, por meio de seu amor humano, imperfeito, porém, suficiente.

PROVAS ATENUADAS

o exercício de amor e a intensidade de dedicação ao trabalho constituem atenuantes santos que não evitam de todo uma ou outra prova, mas as tornam menos árduas

33

33

A dedicação ao trabalho de amor do Evangelho é tarefa oportuna e urgente a todos os corações já despertos para a necessidade da autoiluminação.

No entanto, a dedicação ao propósito de servir não isenta o trabalhador das lutas redentoras naturais que se apresentam como resgate necessário e benéfico das ofensas à lei divina e como caminho para a pacificação da consciência diante das culpas opressivas do passado.

Diante dos testemunhos diários a que sejam chamados, agradeçam a Deus as oportunidades santas de sacrifício que liberta por meio das dores menores ao invés das dores maiores suavizadas pelas leis de misericórdia em favor de todos.

O exercício de amor e a intensidade de dedicação ao trabalho constituem atenuantes santos que não evitam de todo uma ou outra prova, mas as tornam menos árduas. Creiam: sem o trabalho a situação seria muito diferente.

Louvados sejam, pois, os trabalhadores da última hora, que se dedicam, conscientes, à tarefa da redenção pessoal com confiança no Pai e submissão à Sua sábia ordenança e direção.

Disse Paulo com sabedoria: "Em tudo dai graças". É no louvor do coração reconhecido que se encontra a chave que abre a porta para experiências mais amplas de satisfação e felicidade.

SERVE E AMA AGORA

aproveita os dias generosos que se renovam
cheios de oportunidades para deixares na
Terra sua marca de amor e de serviço

34

Não perca mais tempo! A vida é formada por um conjunto de circunstâncias benditas muitas vezes ocultas nas provas e nas lutas, para o despertamento de tuas forças e talentos.

Aproveita os dias generosos que se renovam cheios de oportunidades para deixares na Terra sua marca de amor e de serviço. Multiplica os talentos de teu coração, ofertando à vida os bens preciosos que puderes colocar à serviço do Pai, fazendo com que brilhe a luz do consolo, do conforto e da alegria na vida de teu próximo, amigos e familiares, pois toda luz dispensada ao coração do irmão é bênção multiplicada que retorna, generosa, para sua existência.

Consagra teus dias e tua força a um ideal de amor e paz a fim de que encontres, igualmente, a serenidade e a ventura em seus caminhos.

Deus rege a vida com sua amorosidade soberana e infinita, e conta com cada filho Seu como um digno instrumento de Sua vontade.

Saiba-se mergulhado nesse mar de amor de excelência que a tudo ordena e conduz sem dar espaço em sua alma para a exigência perturbadora ou para a lamentação improdutiva. Ergue em tua alma um altar à vida e ao Pai, conectando-se pelo bem e pelo belo pensado, sentido e vivido, e o inverno da existência se converterá em perene primavera na alegria de viver.

PÍLULAS DE CONFIANÇA

ingere todos os dias as pílulas de confiança no Pai e deixa que elas despertem em ti a consciência de que és filho, herdeiro natural, conectado à fonte de todo poder e bondade

DEUS E A CRIATURA

NEle a fonte; em ti a realização.
NEle a sabedoria; em ti a execução.
NEle a ordenança; em ti a obediência.
NEle a vontade; em ti a fidelidade.
Em Deus sois tudo;
apartado dEle, nada.

CONFI

ANÇA

pílulas de CONFIANÇA

© 2014–2025
by Ame Editora

DIREITOS AUTORAIS
Associação Médico-Espírita de Minas Gerais
Rua Conselheiro Joaquim Caetano, 1162   Nova Granada
30431-320   Belo Horizonte MG
31 3332 5293   www.amemg.com.br

DIREITOS DE EDIÇÃO
Organizações Candeia Ltda.
CNPJ 03 784 317/0001-54   IE 260 136 150 118
R. Minas Gerais, 1520   Vila Rodrigues
15 801-280   Catanduva SP
17 3524 9801   www.intervidas.com

EDIÇÕES

Ame
1.ª ed., 1.ª tir., Out/2014, 5 mil exs.
1.ª ed., 2.ª tir., Mai/2017, 2 mil exs.
1.ª ed., 3.ª tir., Out/2020, 1 mil exs.

InterVidas
1.ª ed., 1.ª tir., Mar/2025,
1,5 mil exs.

DIRETOR EDITORIAL
Andrei Moreira

CONSELHO EDITORIAL
Andrei Moreira, Grazielle Serpa,
Roberto Lúcio Vieira de Souza

Dados Internacionais de Catalogação na Publicação
[CIP BRASIL]

M838p
MOREIRA, Andrei [*1979]
Pílulas de confiança
Andrei Moreira, Espírito Dias da Cruz
Catanduva, SP: InterVidas, 2025
176 p. ; 11 × 15,5 × 1 cm

ISBN 978 85 60960 40 8

1. Confiança   2. Saúde   3. Espiritualidade
4. Emoções   5. Autoconhecimento
6. Desenvolvimento pessoal   7. Psicologia aplicada

I. Moreira, Andrei [1979–].   II. Espírito Dias da Cruz
III. Título

CDD 158.1   CDU 159.942

ÍNDICES PARA CATÁLOGO SISTEMÁTICO
1. Autoconhecimento : Desenvolvimento pessoal :
Psicologia aplicada   158.1

DIRETOR GERAL
Ricardo Pinfildi

DIRETOR EDITORIAL
Ary Dourado

ASSISTENTE EDITORIAL
Thiago Barbosa

CONSELHO EDITORIAL
Ary Dourado, Ricardo Pinfildi,
Rubens Silvestre, Thiago Barbosa

Impresso no Brasil   *Printed in Brazil*   Presita en Brazilo

COLOFÃO

TÍTULO
Pílulas de confiança

AUTORIA
Andrei Moreira
Espírito Dias da Cruz

EDIÇÃO
1.ª edição

EDITORA
InterVidas [Catanduva, SP]

ISBN
978 85 60960 40 8

PÁGINAS
176

TAMANHO MIOLO
11 × 15,5 cm

TAMANHO CAPA
11,2 × 15,5 × 1 cm
[orelhas 6 cm]

REVISÃO
Elza Silveira

CAPA & PROJETO GRÁFICO
ORIGINAL
Leonardo Ferreira | Kartuno

DIAGRAMAÇÃO ORIGINAL
Hayle las Cazas | Kartuno

CAPA ADAPTADA
Ary Dourado

PROJETO GRÁFICO
ADAPTADO
Ary Dourado

DIAGRAMAÇÃO
Ary Dourado

TIPOGRAFIA CAPA
(Emigre) Filosofia Bold
(ParaType) Bodoni PT VF

TIPOGRAFIA TEXTO
PRINCIPAL
(Emigre) Filosofia Regular 11/14

TIPOGRAFIA TÍTULO
(ParaType) Bodoni PT VF
Subhead Bold 22/28

TIPOGRAFIA DADOS
& COLOFÃO
(Emigre) Filosofia Bold 7/9

TIPOGRAFIA FÓLIO
(ParaType) Bodoni PT VF Bold
9/14

MANCHA
67,2 : 111,9 mm 23 linhas
[sem fólio]

MARGENS
18,3 : 17,2 : 24,4 : 25,8 mm
[interna : superior :
externa : inferior]

COMPOSIÇÃO
Adobe InDesign 20
[macOS Sequoia 15.0.1]

PAPEL MIOLO
ofsete Sylvamo Chambril Book
75 g/m²

PAPEL CAPA
cartão Ningbo Fold CIS
250 g/m²

CORES MIOLO
1 × 1: Pantone 300 U

CORES CAPA
4 × 1: CMYK × Pantone 300 U

TINTA MIOLO & CAPA
Sun Chemical SunLit Diamond

PRÉ-IMPRESSÃO CTP
Kodak Trendsetter 800
Platesetter

PROVAS MIOLO & CAPA
Epson SureColor P6000

IMPRESSÃO
processo ofsete

IMPRESSÃO MIOLO
Komori Lithrone S40P
Komori Lithrone LS40
Heidelberg Speedmaster SM
102-2

IMPRESSÃO CAPA
Heidelberg Speedmaster XL 75

ACABAMENTO MIOLO
cadernos de 32 e 16 pp.,
costurados e colados

ACABAMENTO CAPA
brochura com orelhas, laminação
BOPP fosco, verniz UV brilho
com reserva

**PRÉ-IMPRESSOR &
IMPRESSOR**
Gráfica Santa Marta
[São Bernardo do Campo, SP]

TIRAGEM
1,5 mil exemplares

TIRAGEM ACUMULADA
9,5 mil exemplares

PRODUÇÃO
março de 2025

 ameeditora   ameeditora

 ameeditora.com.br

Infinda e InterVidas são selos editoriais
das Organizações Candeia

 intervidas   editoraintervidas

 intervidas.com

CONHEÇA AS OUTRAS OBRAS DO AUTOR

 andreimoreira.com    @DrAndreiMoreira

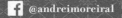 @andreimoreiral   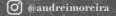 @andreimoreira

O autor cedeu integralmente os direitos
autorais à AMEMG para manutenção
de suas atividades assistenciais

Ótimos livros podem mudar o mundo.
Livros impressos em papel certificado
FSC® de fato o mudam.